VRRR
ZIRP
ZIRP
ZIIIRP
ZIIIRP
ZIIIRP
TROPF
...

KLING
Haaah ...
Ich will ans
Meer!

citrus+ 4
August 1st

citrus+

INHALT

Mei Aihara

Enkelin des Schuldirektors und Präsidentin des Schülerrats. Ist sehr gewissenhaft, aber seit sie und Yuzu ein Paar geworden sind, hat sie das Gefühl, dass sich ihr Horizont erweitert hat.

Yuzu Aihara

So auffällig dieses Girlie auch gekleidet sein mag, im Inneren ist es völlig unschuldig. Sie ist überglücklich, dass sie und ihre Stiefschwester Mei nun ein Paar sind, weiß aber nicht so recht, wie sie den nächsten Schritt machen soll.

Matsuri Mizusawa

Yuzus »Schützling«. Sah in Mei erst eine Feindin, unterstützt nun aber sie und Yuzu. Hat seit Kurzem Spaß daran, mit Harumi allein etwas zu unternehmen.

Harumi Taniguchi

Yuzus beste Freundin und ein Stealth Girlie, das in seinem Dekolleté alles verstecken kann. Macht sich Sorgen um Matsuri, die nicht mehr zur Schule kommt.

Ja.
Was diese Angelegenheit anbelangt ...
... muss die Schule erst noch ihren Standpunkt formulieren.
Ich lasse Ihnen unsere Antwort in den nächsten Tagen zukommen.
Danke.
Sie hören dann in Kürze von mir.
Auf Wiederhören.
BIEP
Du Arme. Musst nicht nur lernen ...
... sondern auch beim Management der Aihara-Schule helfen.

verniedlichende Anrede für gute Freunde und kleine Kinder

Haaah ...
Wegen Yuzus Geburtstag ...
Ich hab ein eiliges Projekt reingekriegt ...
... darum hab ich in nächster Zeit kaum eine freie Minute ...

Ich würde eigentlich gern hier daheim mit ihr feiern ...
BLÄTTER
...

Bei mir ist die erste Monatshälfte auch schon voll.
Übernächste Woche ginge aber, denke ich ...
Oh, wirklich?
Gut, dann müssen wir ihr das schonend beibringen.
DING DONG

Ja, bitte?
Paketdienst!
Ich geh schon. Das dürften Unterlagen der Aihara-Schule sein.
Ah, wunderbar!

Mutter.
SST

Die Sache mit der Party ...
... erkläre ich Yuzu, in Ordnung?
Okay, danke.
TRAPP
TRAPP
Sie lässt sich nicht unterkriegen.

Uuurgh ...

Ich glaub, ich hab heut so viel Hirnschmalz verbraucht wie sonst in drei Jahren ...

Deine Aufgaben-sammlung ist ja mal mega-schwer ...

WOMP

Wir müssen beide zusehen, dass wir unsere Träume wahr machen! ★
Du hast recht ...
Yuzu ... Um kurz das Thema zu wechseln ...
RATTER
Hm? Was gibt's denn?
Deine Geburtstagsparty ...
Wir müssen sie leider auf einen anderen Tag verschieben. Ist das in Ordnung?
DOBB
?

?

SCHRECK

?!
LÄCHEL

Sorry, war kurz weggetre- ten ...
Ich muss meinen Bikini waschen.
TAPP TAPP

Danke! Geht in Ordnung, wir verschieben's!
...
Soo, jetzt in die Wanne und dann ab ins Bett!

citrus+

citrus+

a-Mädchenschule
August 3rd

In Ordnung.
Dann erzählen Sie mal ... Ich bin ganz Ohr.
Danke, Himeko.
Ich wusste nicht, zu wem sonst.
HECHEL
Gern geschehen!
HECHEL
Der Präsidentin beizustehen ...
... ist eine meiner Aufgaben als Vizepräsidentin!
Aber dass die Arbeit für den Schülerrat Sie so sehr beansprucht ...
... ist wirklich ungewöhnlich.

Nun ja, andererseits bereiten Sie zum ersten Mal einen Führungswechsel vor ...

Da sind Sie natürlich gerade tatsächlich an allen Ecken und Enden gefordert.

Gehe ich recht in der Annahme, dass der Ursprung Ihrer Sorgen Ihre Familie ist?

...

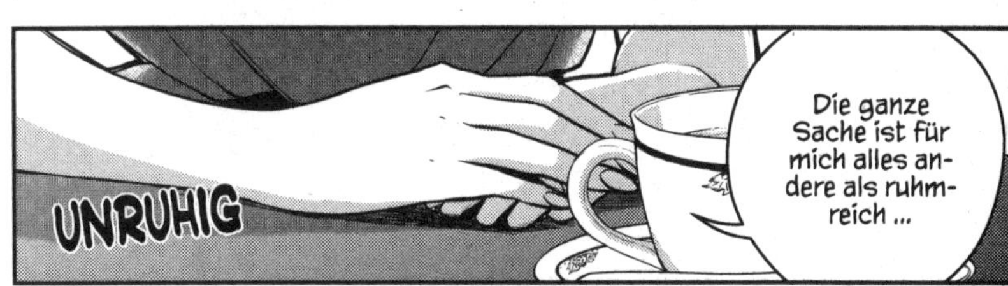

Es ist zwar noch etwas früh, aber wir machen jetzt trotzdem Tea-Time! ♪

Gestern war ich vollauf damit beschäftigt, den Rückstand bei der Arbeit aufzuholen ...
... und war demzufolge Yuzu gegenüber ein wenig kurz angebunden.
Mich beschleicht das Gefühl, dass ich sie wieder einmal verletzt habe ...
... und darum kann ich nur noch daran denken ...

Wir wollen für Yuzu eine Geburtstagsparty ausrichten ...
... aber müssen sie von ihrem Geburtstag auf einen anderen Tag verschieben.
Weil mein eigener Terminplan für mich Vorrang hatte ...
... habe ich nicht weiter daran gedacht, wie es Yuzu ...

MURMEL
... damit geht ...
Aaaah! Meimei! Beruhigen Sie sich!

Das passt doch gar nicht in Ihren Mund!
ZITTER
ZITTER

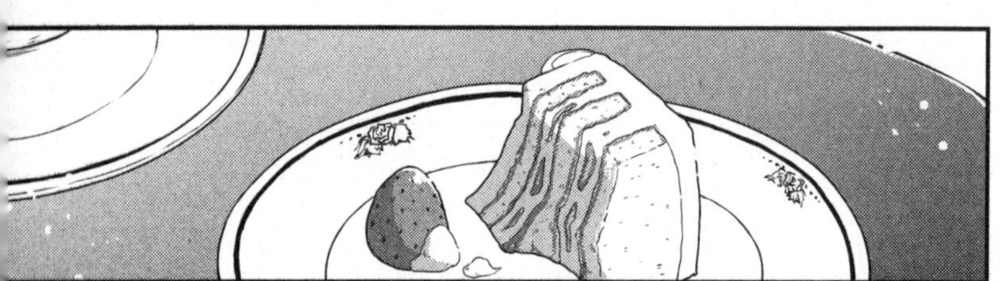

Meimei. Was Sie da beschreiben ...
... ist nichts anderes als Liebesleid.

Sozusagen eine Krankheit ...
... die verliebte junge Frauen befällt.

Liebes-
leid ...

Gibt es eine Möglichkeit ...
... Liebesleid zu heilen?
Äh ... Ähm ...
Also ...
Diese Krankheit ist nicht zwangsläufig bösartig.

ÄCHZ

Äh! Ich weiß!
Gehen wir doch zunächst Ihre unmittelbarste Sorge an ...
... und verschaffen Ihnen so ein wenig innere Ruhe.

Ich vermute ...
... dass Ihnen Yuzu Aihara nicht direkt gesagt hat ...
... dass Ihre Bitte sie schockiert hat, richtig?
NICK

Hier, trinken Sie erst mal einen Schluck Tee.

Wenn ich das mal so salopp formulieren darf ...

WOBB

WOBB

Ihr Liebeskummer sorgt dafür, dass bei Ihnen immer wieder die Sorge aufkommt ...

... Sie könnten irgendwann bei Yuzu Aihara in Ungnade fallen.

WOBB

Und in Ihnen drin ist diese Sorge ...

... nun eine Dauerbaustelle, die Ihre gesamte Aufmerksamkeit fordert.

Es ist doch völlig unvermeidbar, dass Sie immer weniger Zeit zur Verfügung haben ...

... wenn Sie unablässig damit beschäftigt sind, dass etwas passieren **könnte**.

HOPPS

... besteht kein Zweifel ...
... dass Yuzu Aihara am 8. August Geburtstag hat.
Daher sollten Sie sich proaktiv ...

TAPP TAPP TAPP
Insofern sollten Sie die Sache also genau umgekehrt angehen ...
... und auf verlässliche Informationen zurückgreifen.
Zum Beispiel ...

... etwas Besonderes für diesen Tag überlegen.
...

Ein Geburtstagsgeschenk?

Das klingt doch nach einer wunderbaren Idee!

Oder, Puchi?

Waff!

Wie sagt man gleich so schön ...?

Ich habe den Wald vor lauter Bäumen nicht gesehen.

LÄRM
LÄRM
Ooh! Yuzucchi! Guck doch mal!

Sie haben was Neues auf der Karte!
Was, echt jetzt?!

Ich geh doch immer hier lang, wenn ich von dir heimgeh ...
Warum seh ich das erst jetzt?
Wenn man sich nicht um Trends kümmert, ist man eben blind für Werbetafeln ...

Das schockiert mich irgendwie ...
...
Komm, wir testen mal einen, wo wir schon hier sind!

PUHAAA

Yuzucchi.

Irgendwie wirkst du so schlapp. Macht dir die Hitze zu schaffen?

Nee ... Ich kann mich nur einfach nicht zum Lernen motivieren ...

Ah so ...

Den feiert ihr doch garantiert wieder als Familie, oder?
SCHNÜFF
Hm? Was ist denn jetzt kaputt?
Na ja ...
Meine Party musste verschoben werden ...
Ich weiß ja, dass Mama und Mei zu busy sind.
Lässt sich nicht ändern ...
Oha.
Das ist echt schade.

Weil ich meine Geburtstags-party als Ver-schnaufpause vor Augen hatte ...
... hab ich durch-gehend hun-dert Prozent gegeben ...
... darum ist bei mir jetzt die Luft total raus.
Verstehe ...

Hm? Das heißt ja ...

... du bist an deinem Geburts-tag ganz alleine.
Du hast's erfasst ...
DEPRI

Watermelon juice is delicious! This is temptation! The fragrance of summer ...!
...
...
Hm? Harumin?
Ach, ich dachte nur ...

Wie wär's ...
... wenn wir an deinem Geburtstag bei mir feiern?
A... Also 'ne große Party kann ich natürlich nicht schmeißen.
Aber zur Verschnaufpause reicht's.
Bin ja keine Paukschule.
KLAPPER
Hurraaa!
WOMM
Du bist einfach nicht zu toppen, Harumin!

Aber!
Dass eins klar ist!
PRESS
Du erzählst es der Präsidentin, damit sie Bescheid weiß, ja?
Versprich es mir!

LÄRM
LÄRM
Lalaport Toyosu
Gift for you
Weil ich dich zu schätzen weiß!
LINS
...

WUPP
Hab ich dich endlich eingeholt! ♥

RÜCK
Dann ...
... gehen wir! ♪
DRÜCK

*höfliche, geschlechtsunabhängige Anrede

... find ich, sie ähnelt dir ein bisschen.

Du wirkst auch manchmal wie ein Hund.
Du bist haargenau wie Puchi.
Waaas ?!

Am 8. August ist Weltkatzentag
Oh ...

Ach ja ...
Ist zwar ein anderes Thema, aber ...
Snack
hlurps

Das bring ich ihr nächstes Mal mit.

... Harumin hat mir angeboten ...

... an meinem Geburtstag bei ihr zu feiern.

Ist es okay, wenn ich am 8. tagsüber nicht da bin?

MURMEL

...

Ich brauche etwas Bedenkzeit.

Kann ich dir meine Antwort später auf dem Heimweg geben?

Yuzu ...

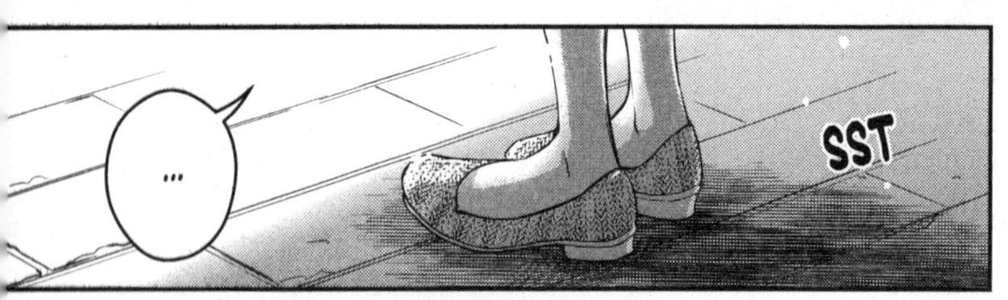

Am 8. August ...
... möchte ich dir ...
... auch selbst ein Geburtstags-geschenk geben ...

Kannst du mir bitte sa-gen ...
... wann du in etwa zurück bist?
PLOPP

Ich war auf jede Art von Antwort gefasst.

Sie hat also die ganze Zeit gegrübelt ...

... wann sie mir ihr Geschenk geben soll?!

Das heißt ja ...

... Mei hat grad megakrasse Sehnsucht nach mir!

Wie süüüß!!

An meinem Geburtstag ...
... müsste ich ungefähr zur selben Zeit wie heute heimkommen!
Und ...
WOSCH
Dann ist noch genügend Zeit für die Bescherung!

... auf
mein Ge-
schenk ...
LÄCHEL
... bin
ich jetzt
schon mega-
gespannt!
...

NICK

Haaah!
Vor lauter Vorfreude auf das alles ...
... bin ich jetzt gar nicht mehr müde vom Lernen!
Ich koch uns was richtig Leckeres zum Abendessen!
Da bekomme ich ja jetzt schon Appetit.

citrus+

Hi!
ust ist
ntag

August 7th

ri Mikihara

Vielleicht war ich davon überzeugt, weil ich Angst davor habe, dass andere herausfinden, was ich wirklich denke.

Jaja, ich liebe dich, blabla.

Oh Mann ...

Damit hätte ich sie jetzt alle einmal erobert.

Und dabei hieß es doch, die Heldin wär so ziemlich unereroberbar.

Aber für das geballte Liebes-Know-how meiner Wenigkeit ...

... war sie nun wirklich kein Gegner.

Dieses treudoofe Schaf!

Diese Sommerferien hab ich echt zu viel Zeit.

AM
1:30
8 /
Kyah, ist das hell ...
LaQuga
Okay, hier in ihrem Viertel ...
... finde ich doch garantiert wen, der auf der Suche nach einem Last-Minute-Geschenk für Yuzu-chan ist.

Oder vielleicht was zur Ablenkung, wo sie doch nur noch am Büffeln ist?

Uurgh! Da bin ich ja auf eine Rarität gestoßen! Auf die kann ich gern verzichten ...
Wie komm ich da wieder raus ...?

Oh ...
Sie hat mich bemerkt.

TAPP
TAPP
Hä? Was ist denn jetzt kaputt?

Du brauchst Beratung in Sachen Geburtstagsgeschenk?
Ja.
Ich bin bereits seit einigen Tagen auf der Suche ...
... aber ich weiß einfach nicht, was Yuzu haben möchte.
Also ich glaub ja, dass, solange es von dir kommt ...
... es so ziemlich alles sein kann.
Oh! Aber ...
... wenn's darum geht, was sich Yuzu-chan gerade am allermeisten wünscht ...

... dann musst du dir eine Schleife umbinden ...
... und ihr ganz lasziv sagen ...
... dass du selbst das Geschenk bist.
Da freut sie sich bestimmt.

...

Ist sie jetzt wü-tend?

Hast du das schon mal ...
... für jemanden gemacht?
SCHRECK

Es ist so ...
... dass ich schon die ganze Zeit mit wem zusammen bin.
Darum weiß ich ganz gut ...
... was man sich als Pärchen so schenkt.
!

Du bist ja noch Anfängerin in Sachen Liebe ...
... da bist du mit dem Geschenke machen natürlich noch überfordert.
Anfängerin ...?

GRINS

Ich zeig dir heute mal ausnahmsweise ...
... ein paar Tricks, um das Richtige zu finden.

PRESS
Gut. Ich zähle auf dich.
ZAKKA
Dann zeig mir mal, was du selbst als Präsent aussuchen würdest.
Wenn ich dir gleich die Antwort verrate, ist das ja öde.
Außerdem lernst du dann nichts.
In Ordnung.

Unter Mädels der letzte Schrei!

Mei-san ...
Weißt du, was du da in der Hand hast?
...
Nimmst du's trotz-dem?

Lass mich noch nach anderen Kandidaten suchen.

Mei-san, komm mal kurz mit.

*Bezeichnung für ältere Schüler*innen, Studien- und Arbeitskolleg*inne

SPLAAASCH

SPLOOOSCH
PITSCHNASS
Was genau war der Zweck dieses Abstechers?
Du hast dauernd irgendwelchen Müll ausgesucht ...
... da war 'ne kalte Dusche dringend nötig.
Okay, ein ... n hatte grad einfach Bock drauf.

WUSCH

Bitte lass es mich noch einmal versuchen.

Hey, Mei-san.
Was gibt es?

Es gibt da was, das mich nicht loslässt ...

Du hast dich für Yuzu-chan entschie-den ...
TAPP
... und dafür sogar die Fa-milie Aihara hintergan-gen.

War der Grund wirklich nur, dass du sie liebst?
WUPP

...

Ich habe sie nicht hintergangen.
Weil Yuzu unsere Gefühle füreinander nicht aufgegeben hat ...
... war ich entschlossen, ebenfalls nicht aufzugeben.
...
Ich glaube, es ist echt pupsegal ...
... was du ihr zum Geburtstag schenkst.

Na, das sieht doch schon eher nach was aus, oder?
Ja, ich denke, das nehme ich.

Ich versteh total, wenn du frustriert bist ...
... dass du nicht selber draufgekommen bist ...
... aber nächstes und übernächstes Jahr wirst du wieder eine Chance haben ...

PATSCH
PATSCH
Für 'ne Anfängerin hast du deine Sache echt gut gemacht!

So, genug Zeit totgeschlagen. Ich geh dann mal wieder.

Alles Glück der Welt euch beiden!
STRAHL
Vielen Dank für deine Hilfe!
Und ...
Hm?

... schöne Grüße ...

... an deinen Herzensmenschen.

...

Richte ich aus!

Ha, ha!

citrus⁺

TUCK
Handtuchhalter

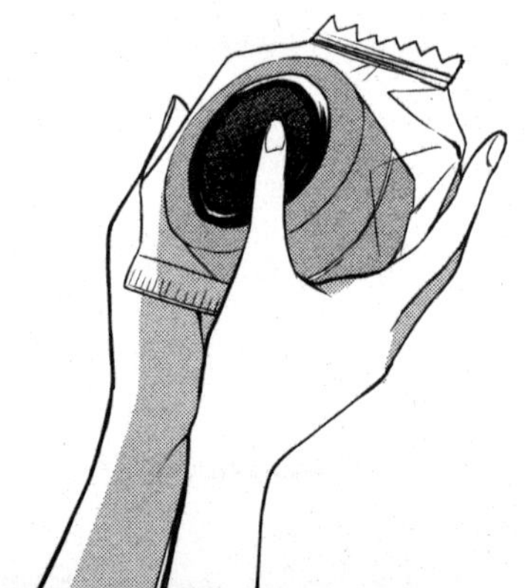

August 8th

Ich kann jetzt erst mal kein frittiertes Hähnchen mehr sehen ...
Das bildest du dir ein.
Wetten, die Reste isst du morgen zu Mittag?!
Ha ha ha!
Mal sehen ...!
Harumin!
Noch mal danke. War echt super heute!
Klar doch!
Und noch mal alles Gute zum Geburts-tag!
CITRUS

Weil du die Feier für mich organisiert hast ...

... konnte ich endlich mal wieder ordentlich rumblödeln ...

... oder anders gesagt ...

GRINS

... mein Akku ist jetzt wieder voll aufgeladen!

*»Hidari-uma«, Glücksbringer in Form eines Shogi-Stein

GRABB

Eins und ...

Also dann ...
Schöne Grüße an die Präsidentin!
Sag ich ihr!
DING DONG
Hm?
RUCK
... hepp!

RATTER
RATTER
Matsuri?!
Yuzu-chan?!

CITRUS
Komme!

Was für 'ne überra-schung!
Hängst du heute schon wieder bei Taniguchi-senpai ab?
CITRUS
Aber ich bin schon auf dem Sprung.
Ja, genau.

Na ja ...
Das trifft sich dann ja hervorra-gend.
KRAM

Hier, bitte!
Alles Gute zum Geburtstag!
STRAHL
Echt jetzt?!
Danke!!
Darf ich's aufmachen?
Na klar!

Ähm …
Das ist …
Der Weg zu mehr Lust in der Partnerschaft
Ich glaub, das brauchst du langsam mal.

Aber sag mal …
Wieso bringst du denn …
… Yuzucchis Geschenk zu mir nach Hause?
Ich wollte sicher sein, dass sie's kriegt.
Ob jetzt heute oder wann anders war mir nicht so wichtig.

So einen Müll gibst du ihr gefälligst selbst!

He he!

Na ja, als Prolog ...

... für Mei-sans Geschenk passt das perfekt.

Bestimmt hat sie etwas ...

... ganz Besonderes für dich ausgesucht.

Ach ...

Ich bin schon total glücklich, dass sie sich überhaupt ...

... extra Zeit für mich nimmt.

Ich hab grad mal die Hälfte von meiner Geburtstagstorte geschafft.
Verputzt 'ne halbe Torte ...
... und nennt es »grad mal«, also echt!
Wow!
Echt krass!
Aber ...
SEUFZ
Heute ist Cheat Day ...!
18 ist das Alter, in dem man am schnellsten Fett ansetzt.
Wobei, zu viele Sorgen musst du dir da nicht machen.

WUPP
Es heißt ja, dass Verliebtsein schöner macht.
Und wenn du dich an das Buch hältst, wirst du eh ganz von allein wieder schlank.
Hä?!
Ohooo!
Du hast grad an was Versautes gedacht, hab ich recht?
Da...
Das stimmt überhaupt nicht!

Ja, schon kapiert.

Ich hab noch Hähnchen und Torte übrig. Hast du Hunger?

Na, wenn du schon so fragst, immer!

Oh!

Ah ja!

Um mich musst du dir keine Sorgen machen. Ich kann essen, was ich will ...

Ich werde nie fett.

Darüber macht sich niemand Sorgen.

...
Die Frau haut mich echt um ...

Wen genau meinst du ...?
TAPPS
TAPPS
TAPPS
?!

Katze!

STRAHL

citrus⁺

W… Wo versteck ich das am besten …?

August 14th

Also dann, ihr zwei, ich geh jetzt!
Tschüss! Und viel Erfolg!
RUMS
Okay ...
WOSCH
?!
Was soll das plötzlich?

Mann!
Das hab ich dir doch erzählt, als du mir dein Geburtstagsgeschenk gegeben hast!
Die Tage, an denen Mama auf Dienstreise ist ...
... sind sozusagen unsere Flitterwochen!

Na, einfach, dass wir von morgens bis abends miteinander rumturteln!

Von morgens bis abends ...?

Japp!

Jetzt weißt du, was dich heute erwartet!

Als Erstes ...

... mach ich uns ein megaleckeres Frühstück! ★

...

Los, drück auch mal drauf rum.

Du siehst doch, dass ich gerade den Abwasch mache.

*Anti-Stress-Tie

Nur weil du es »Flitterwochen« nennst ...

... haben wir doch noch lange keinen Urlaub.

Ich muss heute noch eine ganze Reihe an Dingen erledigen.

Ich kann nicht den kompletten Vormittag für dich freiräumen ...

RAUSCH

STOPP

Obwohl du so busy bist ...
... bist du ein Geburtstagsgeschenk für mich kaufen gegangen.

Ja?
Ich werd ein paar Dinge erledigen ...
... damit wir danach Zeit füreinander haben.

Danke ...

TICK
TICK

Haaah ...

POMM
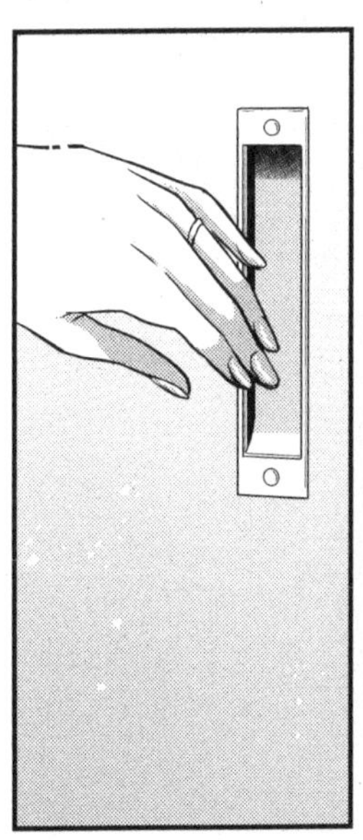

RUMS

TOCK
TOCK

He he he! Ich hab Tee für dich gekocht!

Danke ...

Was ist ...?

PATT

Ha ha ha!
A... Also dann!
Ich hab auch noch was zu tun!
Hau rein bei der Arbeit, ja?

RATTER
Ich bin fertig, Yuzu.

Da bist du ja wieder, Mei!
Endlich hast du Feierabend!
Entschuldige, wir wollten ja eigentlich den Nachmittag zusammen verbringen.
Jetzt habe ich doch bis zum Abend gebraucht.
Macht nix!
Ich hab meinen Kram größtenteils erledigt ...
... und hab jetzt ganz viel Zeit für dich!
Möchtest du einen Kaffee?
Ja, eine Tasse nehm ich.

SCHMIEG
SCHMIEG
Danke, Yuzu ...

Hm?
Weil du auf mich Rücksicht genommen hast ...
... konnte ich mich ganz auf die Arbeit konzentrieren.

He he he!
Na ja, ich bin ja schließlich auch die große Schwester!
Und deine Liebste!
Und mit dir verheiratet bin ich auch!
...

Stimmt ...

Willst du erst zu Abend essen ...
... oder ein Bad nehmen?
Oder ...
... doch ...
... lieber ...
... mich?

Was?

Warum gehörst du denn ...
... zur selben Kategorie wie Abendessen und Baden?
Qu... Quatsch! So war das nicht gemeint!

Das ist einfach 'ne Frage ...
... die zu den Flitter-wochen da-zugehört!
?

Aber wa-rum fragt man das denn ...
... wenn man frisch verheiratet ist?

Äääähm ...
Also ...

Weil man sichergehen will, dass die andere einen wirklich liebt?
Oder so?
!
Selbst Verheiratete werden unsicher ...
... und müssen ab und zu sichergehen, dass die Liebe noch da ist, nicht?
WOMP

Über ein Liebesbe- kenntnis freut man sich ...
... doch auch beim tausendsten- ten Mal noch!
...

Da ist natürlich was dran.

Das ist der Duft meines Badesalzes.
Du hast doch auch damit gebadet.
Das riecht wirklich toll. Lass uns demnächst noch mehr davon kaufen!

KÜSS

KÜSS
KÜSS

Was ist denn heute mit dir los?
Na, wir sind doch in den Flitterwochen!

Jetzt geh mal wieder von mir weg.
Waaas? Aber jetzt geht's doch erst rich-tig los!

KNET

Na ja, ich hatte heute ja schon ganz viel von dir.
DRÜCK
Dann heb ich mir diesen Teil für wann anders auf.

Lass uns mal wieder ein paar Tage Flitterwochen machen.

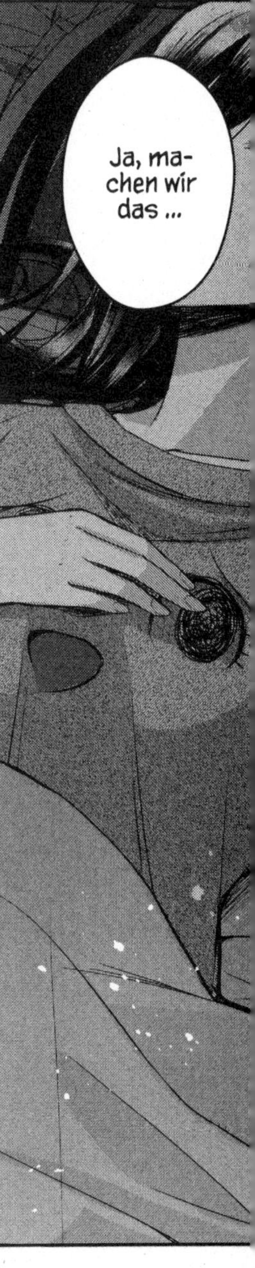

Mir kommt es vor ...

... als wurde mir heute eine große Last abgenommen.

ZZZZ

citrus+

Nächster Tag
WOSCH
Heute auch wieder?

August 21st

WUSCH
Dann mal rauf aufs Gas, Chef!
Noch haben wir Ferien!
Höchste Zeit, noch mal richtig einen draufzumachen! ♪
VROMM
Matsuri-chan, deine Erwartungen sind etwas überzogen, fürchte ich.
Mehr als eine kleine Spritztour ist leider nicht drin.
Oh Mann, wie öde, ey!
Das ist nicht öde!

Wenn wir in der Gegend herumfahren ...
... ist es viel wahrscheinlicher, dass wir unsere Senpais finden!
Halten Sie bitte die Augen offen!
Ey ...
Weißt du, Nene-san ...

Aber dafür müssen wir uns bewegen!

Ja, klar. Dann ist die Wahrscheinlichkeit größer als null.
...

Unsere Senpais sind nur noch mit Büffeln beschäftigt.
Ich dachte, irgendwann ist ihr Hirn so durch, dass ihnen der Moder aus den Ohren kommt ...
... aber noch sind sie ziemlich gut drauf.

Hi hi hi! Ich muss noch was erzählen!
KRAM

In letzter Zeit ...
... nutze ich die Stunden, in denen ich von ihnen getrennt bin ...
... um meine Haru-und-Yuzu-Untersuchungsakte aufzubauen!
WOSCH
...

Das heißt, du betreibst beobachtende Forschung mit praktischem Nutzen.
Gute Idee!
Reich das doch gleich bei der Schule als dein Sommerferienprojekt ein.
Bitte, Nomura-san, du darfst Matsuri-chans Vorschläge nicht so ernst nehmen.

Aber zum Tausch gibst du mir eine neue Haru-und-Yuzu-Geschichte.
Ja, okay ...
Wobei, du hast mich ja heute zu der Spritztour eingeladen ...
... dann kriegst du ausnahmsweise eine Story gratis!
...

Mal sehen ... Wie wär's mit der hier?
Wenn Harumi-senpai ...
... zusammen mit Yuzu-senpai lernt ...
... arbeiten sie keine Aufgabensammlungen durch!
RUTSCH
Wenn ich das nicht beobachtet hätte ...
... würde das niemals auffallen.
Das hat mich jetzt mehr als eine Gehirnzelle gekostet ...
Darum wusste ich auch sofort, wer die echte Harumi-senpai ist, als ihre Doppelgängerin aufgetaucht ist!
Hmm ...?
Moment mal ...
Nene-san, heißt das etwa ...?

←P
Frei
PARKING
←P

WOMM
Haah! Haah!
STOLZ
ÄRGER
...

Bitte entschuldige, Aihara-san.
Ich wollte euch nicht beim Lernen stören.
Ach, das macht doch nichts!
Wir waren eh grade fertig und sind am Chillen!
Und, wie kommt ihr mit dem Lernen voran?
Selbe Drehung … Den Schwerpunkt! …
Es läuft wie geschmiert!
MURMEL
Würde ich zumindest gern behaupten …
FLONG
Ehrlich gesagt: keine Ahnung.

Man merkt ja nicht direkt einen Effekt.
Die ist ja schnell besser geworden ...
Ja, genau.

Unsere Devise lautet schlicht »weitermachen«.
Ich verstehe.

FLONG
DUMP

Ziehen

Solange du das Gefühl hast, es geht vorwärts, reicht das doch völlig.
Bin ausgepowert.
Wie meinst du das?

Na, dein Ziel ist doch, auf dieselbe Uni ...
... wie Mei zu gehen.
Ja, genau!
Oh, apropos!
Ich wollte euch da noch was erzäh-len!
Ich hab beschlos-sen, Lehrerin zu werden!
Ich red gern mit Leuten ...
... und mit dem Job kann ich auch praktisch an Meis Seite sein!

Das ist ein super Plan, Yuzu-senpai!

Ich finde, der Job passt perfekt zu dir!

Ich hab nicht damit gerechnet ...

... dass du so weit in die Zukunft denkst, Yuzu-chan.

...

Ziel

Das heißt ...

... du hast jetzt ein konkretes Ziel ...

... und irrst nicht mehr total verloren in der Gegend herum.

Ja. Ich denk, ich hab jetzt so was wie 'nen Plan.

Na dann ...

Wie sieht's denn mit dem Rest des Teams aus, hm?

Hier, der Schläger.

Hä?

Was willst du?

Halt, stopp!

Jetzt will ich Bälle schlagen!

nrede für Künstler*innen, Lehrkräfte und medizinisches Personal

Ich weiß, wie ich uns motiviere!

Ich schlag jetzt zack einen waschechten Homerun!

Ha ha ha!

Gib alles, Yuzu-senpai!!

Oder nein, nicht Senpai, sondern Sensei*!

Sieht so aus ...

Wenn ich mir vorstelle, dass wir bald Haru und Yuzu als Lehrerinnen-Pärchen kriegen ...

... bin ich jetzt schon total aus dem Häuschen!

Hä?

Stell das nicht so hin, als ständ's schon fest!

...

Und, was machen wir jetzt?

Wollen wir beim Abendessen die letzte Reise der Sommerferien planen?

Sorry ...

Ich muss los, bei mir daheim wartet das Abendessen.

Bei mir auch!

Und Mei wartet!

Ich klinke mich auch lieber aus, bevor ich wieder der Leidtragende bin ...

Jetzt warten Sie doch!

Oh!

Guten Abend!

Schön, dich zu sehen, Harumi-chan!

Oh ... Brillen-senpai, deine Schuhe sind das.

Was machst du denn bei uns daheim?

Wo ist meine Schwester?

Micchan hat mich eingeladen ...

... mit euch zusammen zu Abend zu essen ...

... aber dann konnten sie und eure Oma sich nicht einigen, was eingekauft werden soll ...

Ha ha ha!
Und darum ...
... wurde ich schließlich zum Haushüten abgestellt.
Oh ...

Typisch Mitsuko. Tut mir echt leid.
Macht nichts!
Keine Sorge. Ich hab meinen Spaß.
...

Huch ...?!
SST

Ja wer ist denn da? Das ist ja Ryanpin-chan!

...

Ähm ... Senpai ...
Ja?
Also ...
Du trägst ja heute gar keine Brille.
Oh!

Das höre ich wirklich gern!
...
DOPP
Senpai ...
Warum hast du dich für Mitsuko entschie-den?
Hä?!
DODOMM
Hö?
Ähm ... Ich dachte halt nur, weil ihr immer miteinander abhängt ...
Oh ...

Nun ja ...

Micchan ist doch ein großer Sturkopf.

Das Wort »Niederlage« steht nicht in ihrem Wörterbuch.

Wenn sie irgendwo steckenbleibt, gibt sie erst recht Vollgas.

Sie ist stark, oder sagen wir ...

Ich hab keinerlei Vorgaben von meiner Familie hinsichtlich meiner Zukunft ...

... und höhere Ziele hab ich auch keine.

... ob ich für sie da sein darf.
So war das.
Ich dachte, ich könnte von meinem Idol irgendwas lernen.
...
Ungefähr seit der Zeit ...
... folge ich ihr auf Schritt und Tritt.

Das heißt, du beglei-test sie auch jetzt noch ...
... weil du hoffst, etwas zu finden ...
... was du machen möchtest?
Hmmm ...

Ich hab das Gefühl, gerade tue ich genau das, was ich tun will.

Aha ...
Ver-stehe ...

RATTER
RATTER
Wir sind wie-der da!
Ah!
Na, wer sagt's denn?!
TAPP
TAPP

Hi hi!
Heute gibt's Onabe*!
WUPP
Na, fündig geworden?
...
*Eintopf
Haaah ...
Und was will ich machen ...?
Fortsetzung folgt

citrus+

citrus+

Vielen Dank, dass ihr Band 4 von citrus+ bis zum Nachwort gelesen habt!!
Hallo zusammen, hier ist Saburouta!
Und schon sind wir bei Band 4 von citrus+! Er handelt vom August der Mädchen! Es sind ihre letzten Sommerferien als Schülerinnen, aber da die Großen büffeln müssen, taucht Meis Bikini leider nur in Yuzus Fantasie auf! (Dafür ist die Fantasie eine Doppelfarbseite)
Neben der ganzen Lernerei versuchen die Mädchen aber natürlich, Geburtstag zu feiern, kleine Verschnaufpausen einzulegen und insgesamt eine gute Zeit zu haben. (Pausen sind wichtig!) Mei hat sich von anderen helfen lassen und dadurch wieder etwas darüber gelernt, wie man seine Gefühle füreinander ausdrückt!
Und Harumin ... Da ist irgendwas in Bewegung gekommen. (Bin supernervös.) Freut euch auf noch mehr Herzklopfen und Nervosität in Band 5!
Also dann! Wir sehen uns in der glücklichen Zukunft von Yuzu, Mei, ihren Familienmitgliedern, Freundinnen und allen anderen, die die beiden unterstützen!
18.01.2022 Saburouta
Special thanks!!
Umezawa-sama*, Tohoda-sama
Kawatani Design, der ganzen Redaktion von Comic Yuri Hime
Allen Beteiligten am Anime und den in andere Sprachen übersetzten Ausgaben
Fujiwara-sama, Watanabe-sama, meiner Liebe, Sushi
Und allen, die citrus+ kaufen!!
Mehr Infos zur Reihe findet ihr hier:
Twitter von Saburouta → @__saburouta
Twitter der Anime-Serie: → @citrus__anime
Webseite der Anime-Serie: → citrus-anime.com
Stand: Januar 2022
*sehr höfliche, geschlechtsunabhängige Anrede
!

citrus+

Es sind Sommerferien! In nur einem Monat sind alle so erwachsen geworden, dass sie kaum wiederzuerkennen sind. Aber so ist das nun mal in den Ferien ... Für mich war der Monat jedenfalls gefühlt nach dreimaligem Blinzeln schon vorbei.

Saburouta

citrus+

TOKYOPOP GmbH
Hamburg

TOKYOPOP
1. Auflage, 2022
Deutsche Ausgabe/German Edition

Aus dem Japanischen von Verena Maser

Citrus +

First published in Japan in 2022 by Ichijinsha Inc., Tokyo.
Publication rights for this German edition arranged through Kodansha Ltd., Tokyo.

Redaktion: Benjamin Spinrath
Lettering: Vibrant Publishing Studio
Herstellung: Rita Geers, Nils Bornemann
Druck und buchbinderische Verarbeitung:
CPI–Clausen & Bosse GmbH, Leck
Printed in Germany

Wir achten auf die Umwelt.
Dieses Produkt besteht aus FSC®-zertifizierten und anderen kontrollierten Materialien.

ISBN 978-3-8420-7987-8

www.tokyopop.de